CHANSON
GRIVOISE,

Sur la prise du PORT MAHON.

Sur l'air : *De la Marche des Houlans.*

’Nez , Messieurs les Anglois ,
  Laissez-là les François ;
 Y vous donn’rons sur l’nez
  Si vous y r’v’nez :
Premier’ment vous avez torts ;
Second’ment y font r’torts ;
Vous avez beau vous cacher ,
  On ira vous charcher.
Nos Grenadiers plutôt que plûtard
Vous saboul’ront dans Gilbâtar.
Vous v’nez d’avoir l’savon
  Chez l’Port Mahon :
  Pargué l’danger
  D’vroit vous corriger.

Selon vous votr' Amiral *Bing*
En valloit cinq ;
Conv'nez, n'en déplaife à c'biau Phenix ,
Qu'la GLALISONNIERE en vaut dix :
Et par lad'fus RICHELIEU
Qui tient l'mitant du milieu ,
Avec D'EGMONT & FRONSAC ,
Vous don' vos quilles & vot' fac ,
Puis vous fçavez de quel bois ,
S'chauf' ce Monfieu D'MAIL'BOIS ;
Vous voyez qu'font des Vivans
En cas d'bravour' ben fçavans ,
Croyez-moi , ne les obftinez plus ;
Car fans ça vous êtes perdus.

Par M. VADÉ.

Ch

Que ce

Pourno

Est ungra

Appr

Que d'

J'avous

Et de c'o

Il ne faut

Au

De

Leur

Loin

Ils v

De peur

Ils voye

Avec so

Est

Ma

Qui

On

N'

Qua

On

Chanson sur le Siege de Mahon
May 1756

Que ce grand jour,
Pour nous m'amour,
Est un grand jour de Fête ;
Apprend Fanchon,
Que d'Fort-Mahon
J'avons fait la conquête :
Et de c'qu'il a été si'tot pris,
Il ne faut pas qu'on soit surpris :
Vot' Maréchal
Grand General
Etoit à notre Tête.

L'Anglois voyant
Son air pimpant
Dit aux soldats de France :
Vot' marechal
Va t'il au Bal
Avec cette élegance.
Oui, Messieurs ; vous danserez pour nous,
Et vous danserez malgré vous.
Ils ont voulu,
Ils n'ont pas pû
Lui faire resistance

Au premier ton
De not' Canon
Leur mine se renfrogne.
Loin d'approcher,
Ils vont s'cacher
De peur qu'on les empoigne.
Ils voyent quel Maréchal
Avec son p'tit air jovial,
Est un vivant
Mauvais plaisant
Qui va droit en besogne.

Nul ne se plaint
D'être contraint
On l'aime davantage.
Il fait très bien ;
Sa perdié rien
N'résiste à son courage.
Quand d'chacun on a l'amriquié
On a gagné plus qu'à moitié
Avec d'l'esprit
Quand l'cœur agit
Dame ! on fait bien d'l'ouvrage.

premier ton
not' Canon
mine se renfrogne .
d'approcher ,
... s'cacher
- qu'on les empogne .
.. quel' Maréchal .
.. p'tit air jovial ,
un vivant
.uvais plaisant
.a droit en besogne .

    ~   *~*

Vul ne se plaint
D'être contraint
l'... aime davantage .
Il fait très bien ;
... n'perdré rien
.siste à son courage .
..d d'chacun on a l'ami qu'ié
a gagner, plus qu'à moitié
.vec d' l'esprit

Lui

re

De

Lui

Mon

Chez

Il

Il

Tou

10

Tous les Bourgeois
A haute-voix,
Lui font offrir azile.
Les Dames aussi
D'un ton poli
Lui font dire en beau stile:
Monseigneur, fussiez vous tout nud
Chez nous vous serez bien reçeu.
Il s'est montré,
Il est entré
Tout d'go dedans la ville.

⁂

D'aller aux cours
Plus vite que nous,
Son courage petille.
C'est trop oser,
C'est s'exposer;
Mais c'est en ca qu'il brille.
Et comme il est entreprenant,
Il aime à prendre le devant;
Et tout d'abord
Il brusque un Fort
Comme le coeur d'une Fille

⁂

Sur L'air Latanimie.

Grace à l'experience
D'un chef plain de renom,
Grace à notre vaillance
Sans boulets, ni canon,
Nous avons pris Mahon. 2 fois

Messieurs D'Angletre,
oubliant fontenoy
ont declaré la guerre
Avec mauvaise foy
Louis s'en venge en Roi 2 fois

Sur les deux Hemispheres
Ils se donnent des airs
Mais des coups d'Etrivieres
Sauront rendre moins fiers
Ces souverains des Mers. — 2 fois

11

Pour punir la conduite
Du perfide Bradock
Malgré Bing en sa suite
A la barbe de Hauke
Port Mahon nous en Stoc. . . . 4 fois

Cette grande deroute
Sur on peuple insolent
En leur coupant la route
qui les mène au levant
Les renvoye au Ponant . . . 4 fois

Richelieu fait aux graces
Succeder les talens
Si vous avez des places
il sçait depuis longtems
Comme on entre dedans . . . 4 fois

fin